COURS
D'ARCHITECTURE

de l'Athénée Central,

PAR

M. R. CELSE PARETO.

Architectura est scientia pluribus disciplinis et variis eruditionibus ornata, cujus judicio probantur omnia que ab cœteris, artibus perficiuntur opera. Ea nascitur ex fabrica, et ratiocinatione.

VITRUV.

Première Leçon.

PARIS,
CHEZ L'AUTEUR, FAUBOURG SAINT-JACQUES. 277.
ET A L'ATHÉNÉE CENTRAL, PASSAGE DU SAUMON, 6.

1835.

DISCOURS

SERVANT D'INTRODUCTION.

Première Leçon.

Messieurs,

J'ouvre pour la première fois dans cet Athénée un cours d'architecture, et je crois devoir parler d'abord de la manière dont je l'envisage.

Je vais donc développer brièvement les matières que je me propose de traiter, la méthode que je compte suivre, et en expliquant l'avantage que ce cours peut apporter aux propriétaires, j'espère de me justifier, si c'est à eux particulièrement que je m'adresse. C'est en cherchant à me figurer les diverses positions dans lesquelles ils peuvent se trouver, et en rassemblant toutes les notions d'architecture qui leur deviennent nécessaires, que j'ai tracé le plan de mon cours, et j'espère que le désir de le rendre d'une utilité réelle, désir qui fut toujours mon but unique, sera justement apprécié.

La nécessité où je suis, dans le cours de mes leçons, de m'expliquer sur des dessins, m'oblige à commencer par la levée des plans, ce qui apprendra à juger par eux des dimensions d'une bâtisse ou d'un terrain. Mais je deviendrais beaucoup trop long si je voulais traiter complètement cette branche importante des mathématiques appliquées. Je me bornerai donc à donner les connaissances purement nécessaires pour être compris dans la suite, et pouvoir lever avec exactitude le plan d'un étage quelconque d'un bâtiment,

Je passerai ensuite à parler du goût dans les constructions, c'est-à-dire de l'élégance dans leur distribution, de leur symétrie, et de leurs ornemens. Il ne faut pourtant pas s'imaginer que je veuille approfondir cette matière dont on reconnaîtra d'ailleurs l'avantage avec un peu de réflexion, quoique, au premier abord, elle puisse paraître moins utile. Je donnerai seulement un petit nombre de principes fondamentaux pour former le goût dans cet art ; car il y aurait de la folie à vouloir s'enchaîner à suivre des systèmes particuliers en interdisant ainsi les inspirations du génie.

Je parlerai ensuite de la commodité, et je diviserai toutes les espèces de bâtimens en trois parties : 1° les palais et les grands hôtels, pour les personnes riches ; 2° les maisons bourgeoises, pour la classe de la société qui, sans vouloir dépenser des sommes énormes, veut cependant habiter un petit appartement commode et agréable ; 3° enfin les maisons pour les classes pauvres, les magasins, les ateliers, etc. La commodité des habitations est si importante, soit pour les agrémens qu'elle procure, soit pour les avantages pécuniaires qu'elle présente dans les loyers, que je donnerai à cet article beaucoup plus d'extension qu'aux premiers. Cette importance deviendra évidente si l'on remarque le grand avantage que trouvent certains propriétaires à faire changer la distribution des maisons anciennes qu'ils possèdent pour les adapter aux usages d'aujourd'hui.

C'est ici que je devrais parler de la solidité; mais cette partie est essentiellement liée avec la manière proprement dite de construire, et je préfère les traiter ensemble. Je décrirai en conséquence les machines et outils nécessaires pour bâtir; la résistance et la nature des matériaux; je parlerai des différentes espèces de construction et des différens genres de bâtisse qui leur sont convenables, de l'épaisseur des murs, de la poussée des voûtes, des toits, des eaux, enfin de tout ce qui concerne la construction envisagée sous le rapport de la solidité.

Je finirai enfin par m'occuper de l'économie, et dans cet article si important je donnerai même le prix-courant des choses les plus nécessaires, comme ouvriers, matériaux, etc., en y ajoutant un petit traité de toisage pour mesurer les travaux faits par un entrepreneur.

C'est ici que se terminera mon cours, et j'espère que toutes les connaissances qui peuvent intéresser un propriétaire y seront développées. J'appliquerai aussi le tout à la ville de Paris ; car il est évident qu'en changeant de pays, la manière de bâtir doit aussi changer.

Je passe maintenant à esquisser l'histoire de l'architecture.

Lorsque son nom est pris dans toute sa généralité, l'architecture embrasse toutes les espèces de constructions ; elle se divise en civile, militaire, navale et beaucoup d'autres ; mais nous allons nous occuper seulement de la première branche, c'est-à-dire de l'architecture civile des habitations et des monumens.

L'architecture a pour but de construire utilement et agréablement. On construit utilement lorsqu'on réunit la commodité, la solidité et l'économie. L'agréable résulte non seulement de la commodité, mais aussi des justes proportions et des ornemens employés avec sagesse. Cette assertion est peut-être en contradiction avec les idées de M. Durand, mais je suis tellement persuadé de sa justesse, que l'autorité de ce célèbre professeur ne saurait me faire renoncer à mon opinion. Beaucoup d'auteurs ont imaginé de déduire les proportions et les formes de la bonne architecture de la chaumière que les hommes encore à demi-sauvages ont dû se construire, et d'autres se sont élevés contre cette manière de voir, en soutenant que l'architecture n'avait jamais imité, mais qu'elle était un art de convention. Sans partager entièrement l'opinion des premiers qui, voyant jusque dans les derniers détails de nos ordres la représentation de quelque membre de la chaumière, tendent à une imitation servile, je suis encore moins disposé à adopter le sentiment des derniers. Je crois bien en effet que les premiers architectes n'ont pas copié une chaumière, mais je suis persuadé que les idées d'habitation données par la cabane les ont guidés dans leurs inventions. Ainsi, par exemple, les troncs d'arbres posés verticalement pour soutiens d'un toît leur auront suggéré les colonnes, les bouts de solives et les modillons. Je pense enfin que l'architecture est un art d'imitation en ce qu'elle imite la nature, mais d'une manière libre, comme le fait la poésie, en choisissant de part et d'autre ses modèles, et en composant un tout qui soit agréable à la vue.

Observons-la dans différens peuples, et commençons par les architectures chinoise et égyptienne, architectures qui semblent n'avoir aucune relation avec celle que nous employons aujourd'hui.

L'Egypte est un pays qui jouit d'un ciel toujours pur et d'un beau climat, où les pluies sont excessivement rares et le froid inconnu. Elle s'étend sur une vaste plaine couronnée de montagnes où abonde le marbre et le granit, mais elle manque presque entièrement de forêts et de grands arbres. Tout ceci porte à croire que des masses informes de terre auront été élevées par les premiers Egyptiens pour se mettre à l'abri des rayons du soleil et du vent brûlant du désert. Cette conjecture commence à expliquer le goût si décidé de l'architecture égyptienne pour les grandes masses, goût qui forme le caractère principal des temples et des monumens qui nous restent encore. Leur religion toute emblématique et mystérieuse devait aussi les conduire à bâtir ces masses énormes. Par ce moyen, les prêtres étonnaient et obtenaient le respect des populations. L'abondance des pierres et le manque de bois ont aussi contribué en grande partie à déterminer leur genre d'architecture. On ne rencontre jamais, dans les monumens de l'Egypte, les restes d'un comble, qui aurait été inutile dans un pays où les pluies sont si rares; des terrasses en tiennent lieu et offraient aux prêtres l'avantage de se livrer à leurs nombreuses observations astronomiques. Leurs colonnes sont cannelées, entourées de cercles à plusieurs endroits, et avec des chapiteaux de feuilles aquatiques, forme qui semblerait indiquer l'imitation d'un faisceau ds ces roseaux si abondans dans ce climat, plutôt que la représentation d'un seul tronc d'arbre.

On peut enfin dire que le caractère qui distingue cette architecture est une grandiosité de masses qui étonne et impose le respect.

Passons maintenant aux Chinois. Ce peuple ennemi du progrès, car il se croit arrivé à la perfection, a une manière de bâtir invariable depuis plusieurs siècles. Il me semble pourtant entrevoir, dans ses toits à pavillon et dans la forme de ses monumens, qui est toujours ou hexagonale, ou octagonale, l'imitation distincte d'une tente, et en conséquence le goût des peuplades nomades de la Tartarie, qui, à tant de reprises, ont envahi la Chine. Les Chinois aiment à multiplier les ouvertures et à percer à jour leurs monumens, quoique leurs maisons n'aient pas de fenêtres du côté de la rue. Cette architecture oublie les masses pour s'occuper plus particulièrement de la perfection des détails. Le nacre, l'ivoire, les métaux sont employés communément, et le poli le plus beau et les couleurs les plus vives ornent des bâtimens recouverts de toits, en airain colorié, qui brillent au soleil de la manière la plus agréable. Mais cet oubli des masses et même cet esprit de détail, décèle la vieillesse de leur civilisation, car il en est des peuples comme des individus qui, ayant atteint la dernière période de l'existence, s'effraient de toute grande pensée et deviennent futils par faiblesse. Les colonnes qu'ils emploient sont en bois, et quatre branches recourbées, semblables à celles des arbres, tiennent la place des chapiteaux, en soutenant de part et d'autre la solive et l'architrave. Le caractère enfin de cette architecture, est une grande légèreté, et un grand fini d'exécution.

L'architecture turque qui partage beaucoup de ses formes avec la chinoise, mais qui possède de plus les coupoles, démontre évidemment qu'elle imite les tentes des peuples errans qui l'employèrent les premiers. Qui ne voit pas dans la manière de peindre, et d'orner ses bâtimens avec des raies orizentales, la représentation d'une toile plutôt que d'une muraille.

L'architecture grecque qui fut l'antique mère de la nôtre, est celle qui semble le plus tirer son origine de l'imitation d'une chaumière, et la correspondance qui existe entre l'ordre dorique qui est le plus ancien, et les parties principales de la cabane, parait en être une preuve évidente.

On peut très-bien admettre que les Grecs, peuple

agricole et habitant un pays riche de forêts, auront commencé à demeurer dans des chaumières permanentes, d'où leur sera venu la première idée des monumens plus durables qu'ils construisirent ensuite. L'architecture grecque fut d'abord plus lourde, et ensuite plus dégagée, et toujours grave et simple elle arriva à sa perfection aux temps de Périclès, quatre siècles et demi avant notre ère. Les Grecs employèrent partout la forme rectangulaire et la ligne droite; leurs entre-colonnemens étaient toujours avec des architraves, car les arcs semblent leur avoir été inconnus. Ils employaient aussi les ornemens avec beaucoup de sobriété, et même l'ordre corinthien était bien loin d'en être surchargé comme nous le faisons à présent.

En faisant le paralelle de l'architecture grecque et égyptienne, on peut dire que celle-ci étonne, tandis que l'autre plait, que l'une nous étourdit et que l'autre nous est agréable. Et il faut convenir que le genre adopté par la Grèce, convenait au caractère noble, sévère et enrichi des plus beaux sentimens des peuples qui l'habitaient.

Cette architecture fut ensuite transportée en Italie, mais elle y subit des changemens par la différence de climat, de mœurs, et par les souvenirs d'une ancienne architecture nationale. Au siècle d'Auguste, si brillant dans les arts, le caractère des Romains déjà arrivés à leur grandeur, avait fait substituer la magnificence à la simplicité. On employa un nouvel ordre appelé composite plus riche que le corinthien, on varia les formes, on usa des arcs, des figures courbes, poligonales, etc. La même magnificence fit élever des monumens de plusieurs étages, et on entassa alors des ordres sur des ordres, comme dans le Colisée où l'on en voit jusqu'à quatre. La multiplicité des ornemens plut aux Romains, et il suffit de jeter un coup d'œil sur leurs arcs de triomphe pour s'en convaincre.

Le caractère principal de cette architecture, est la majesté et la richesse. Les Romains vainqueurs du monde entier, devaient être grandioses, et ils le furent dans leurs monumens qui restent debout malgré le temps, et la barbarie des hommes, comme témoins éternels du grand génie de leurs constructeurs.

Cette architecture dégénérée sous Constantin, fondateur de la Basilique de Saint-Pierre à Rome, se mêla dans l'empire grec avec l'architecture orientale, et donna naissance au genre connu sous le nom de grec moderne ou Bysantin. L'église de Sainte-Sophie à Constantinople, bâtie dans le sixième siècle, en est un exemple remarquable. Ce genre, après la chute de l'empire d'Orient, fut porté par les réfugiés grecs en Italie, et produisit l'église de Saint-Marc, à Venise. C'est dans cette architecture qui conserve encore ses formes et proportions principales des Romains que prirent naissance les dômes, ou coupoles dont la première parut dans Sainte-Sophie. On remarque dans les édifices de ce genre, la profusion des lignes courbes, des ornemens et emplois de tout le luxe oriental.

En Italie, au contraire, les invasions successives des barbares, détournèrent les esprits des idées de grandeur et de magnificence; tous les hommes se dévouaient à la religion chrétienne, qui offrait des consolations spirituelles à leurs maux, et qui, embrassée par les conquérans, les rendait moins barbares. Les premiers fidèles avaient été obligés, par les persécutions des empereurs, de célébrer leurs rites dans des cavernes et des souterrains; et l'air sombre et mélancolique de ces lieux se liait parfaitement avec la nature mystérieuse de leur religion. Mais alors que, devenus libres, ils commencèrent à bâtir des temples, ils rejetèrent les colonnes et les autres ornemens comme indignes de la sainteté de l'église, et ils construisirent avec l'architecture la plus lourde et la plus sombre qui eût jamais existé. Sur des énormes piliers bien courts on élevait des voûtes rabaissées, et le tout en grosses pierres et presque sans ouvertures. Ce genre, qui est le gothique ancien, envahit toute l'Europe, hormis la Grèce, jusqu'au Xe ou XIe siècle, et se fait distinguer par la sombre pesanteur de son caractère.

Nous voilà arrivés à l'époque où les croisades changèrent la face de la civilisation européenne, et où l'esprit chevaleresque de ces expéditions lointaines accrut d'une manière inouie la hardiesse des populations. Il fallait être un héros pour se distinguer. Tout devenait incompréhensible, et l'anarchie régnait partout, en chassant même l'idée d'ordre et d'unité. Lorsque les croisés, après avoir vu tout le luxe oriental, reconstruisirent leurs monumens, dont la rustique simplicité ne pouvait plus leur plaire, l'architecture gothique moderne dût nécessairement naître de cet état de choses. En effet, cette architecture est excessivement hardie;

des masses se soutiennent sur des faisceaux de petites colonnes; des tours et des flèches s'élancent vers les nues, et le tout est d'une solidité inébranlable. Je ne m'arrêterai pas à décrire ce genre déjà trop connu dont on possède à Paris deux exemples dans Notre-Dame, achevée en 1351, et dans la Sainte-Chapelle près du Palais-de-Justice.

Pour être donc plus bref, j'observerai que ce genre manquant d'unité et doué d'une hardiesse de construction étonnante, fut ensuite modifié par l'architecture arabe ou mauresque, transportée en Espagne par l'invasion des Maures. Les Arabes qui habitaient un pays chaud et riche en jardins, en fleurs, en arômes, devaient naturellement faire leurs délices des treillages et des berceaux couverts de verdure; aussi voit-on qu'ils en apportèrent le goût dans leurs édifices. Ils percèrent à jour leurs murailles et les ornèrent sans ordre, mais avec élégance, comme ces parois revêtus légèrement de feuillages qu'on trouve dans les jardins. Tout enfin dans leur architecture ressemble à des dentelles; excellente manière dans les pays chauds de se procurer de l'air sans s'exposer aux rayons brûlans du soleil. Les palais de Séville, de Grenade et de l'Alhambra sont de ce genre.

Passons maintenant à l'époque de la renaissance des arts en Italie.

La décadence du système féodal, l'invention du papier et de l'imprimerie, les savans grecs qui, échappés au fer des Musulmans, se réfugièrent en Italie après la prise de Constantinople, les guerres des empereurs et des papes qui montrèrent la nécessité de s'unir pour

être fort, enfin les relations commerciales qui donnèrent des richesses et des connaissances aux nations, telles furent les causes qui amenèrent un changement total dans l'aspect de l'Europe au XVe siècle. Dès-lors une nouvelle architecture devint nécessaire, et la grandeur des papes qui tendaient à la domination universelle, exigeait qu'elle fût grandiose et magnifique comme celle des Romains. Ce temps coïncida avec l'idée de rebâtir le temple de Saint-Pierre à Rome, et les *Bramanti*, les *Perruzzi*, les *Sangalli*, les Michel-Ange, les Vignoles, employèrent toute la force de leur génie pour étudier les anciens monumens, et égaler dans l'exécution de cet édifice les merveilles de l'antiquité. Leur exemple excita l'émulation, et leurs succès devinrent des lois. Ce temple n'est pas exempt de défauts à cause de sa grandiosité même, qui ne permit pas à un seul artiste de l'achever, comme on a remarqué avec justesse dans ces paroles tirées d'un ouvrage inédit d'un de mes compatriotes et amis : « L'imperfection de St-
» Pierre tient au défaut d'unité de cette colossale fabri-
» que; trop de pensées y ont concouru, et surtout
» trop de grandes pensées pour qu'elles pussent toutes
» obéir à une d'entr'elles et lui décerner l'immortalité
» du Temple souverain. Raphaël ne pouvait céder à
» Bramante, ni à Raphaël Michel-Ange. Toutefois,
» dans cette lutte de génies, l'âme effrayante du Buo-
» naroti est demeurée maîtresse de l'Olympe, et plane
» sur tous ses grands rivaux de tout le Ciel de la cou-
» pole. Quand on pense qu'un coup-d'œil d'aigle a pu
» suffire à un homme pour concevoir les proportions

» du plus grand édifice de l'univers, on est abîmé sous » tant de hauteur et prosterné sur les parvis de la ca- « thédrale du monde chrétien, on adore indistincte- » ment Dieu et Michel-Ange. »

Les Italiens imitèrent les Romains, mais ils ne les copièrent pas ; ce qui donna un caractère particulier à leurs édifices. Leur architecture, qui se distingue par les avant-corps et les pavillons, qui interrompent la monotonie d'une face trop longue, par la division en nefs et l'usage des coupoles et des clochers dans les temples, est sévère, mais variée en même tems ; les membres y sont fortement sentis, la conception en est grandiose, et ce qui lui manque en simplicité, elle le reprend dans la commodité et dans un luxe bien entendu. Michel-Ange, qui avait l'imagination la plus ardente et le génie le plus étendu des artistes modernes, fut imité par des hommes qui, enthousiasmés de ses beautés et privés de son talent, donnèrent dans des extravagances.

Borromini vint après ; il fut un des pères de l'architecture qui fleurit en Italie depuis la moitié du XVIIe siècle jusqu'à la fin du XVIIIe, architecture que nous appelons *Barocca*, ou *Borrominesca*, du nom de son auteur. Son style est l'ennemi de la ligne droite; les arabesques anciens, et ensuite ceux de Raphaël donnèrent l'idée de ses ornemens ; des coquillages, des feuilles, des volutes, le tout tournant en spirale et en ligne à double courbure, des colonnes torses enfin, voilà quel fut son genre de beauté. Les caryathides et l'ordre persique devinrent des chefs-d'œuvre, et l'on voyait partout, peintes ou sculptées, des figures de femmes qui finissaient en poissons, avec la queue en feuilles d'acanthe, et d'autres monstruosités semblables. La ligne courbe molle et voluptueuse, employée partout à la place de la sévère ligne droite, fait que ce genre se marie parfaitement avec ces siècles efféminés et privés de toute vertu qui marquèrent la chûte définitive du système féodal et de noblesse, siècles qui, en substituant à la noble fierté de leurs ancêtres des étiquettes et du vice doré, firent également sentir leur influence dans la littérature et dans les arts. Enfin, depuis un demi-siècle, on est revenu à l'imitation des Grecs, des Romains, de la renaissance italienne, et depuis lors, nous vivons dans des ondulations continuelles sans avoir encore pu fixer un genre adapté à notre époque.

J'aborde maintenant l'architecture française. C'est vers 1560 que François Mansard commença à bâtir et créa une école nationale. Le Val-de-Grâce, dont il donna le premier dessin en 1645, et qui fut achevé par Muel et Gabriel Le Duc en 1658, est un exemple de ce style que Jules Hardouin Mansard perfectionna et embellit dans le château de Versailles, dans les Invalides, etc. On le reconnaît à l'innovation qu'il a apportée dans la forme des combles, nommés mansardes du nom de leur auteur, et à une certaine grandeur empreinte de sévérité qui n'exclut point une élégance un peu trop recherchée. C'était le genre qui convenait au siècle de Louis XIV, où la race des Bourbons, arrivée à toute sa splendeur, voulait unir la force à la magnificence. On pourrait citer comme des exemples d'un tel style la

Porte St-Denis, élevée par François Blondel, en 1672, et celle St-Martin par Bullet, en 1674. En suivant cette architecture dans ses moindres phases, nous verrions comment sous Louis XV elle s'amollit et tomba dans le barocco ou rocaille ; mais sans m'arrêter à ces temps de décadence, je passe de suite à l'époque de la révolution.

La nécessité de ce grand événement se fit sentir quelque temps avant 89, et la littérature et les arts en prirent un nouvel aspect. La place de la Concorde, par Gabriel, l'Ecole de médecine et le Panthéon montrent ce changement d'une manière évidente. Pendant la république, on ne fit que subir des variations pour se former un genre adapté aux circonstances, et l'empire vint a son tour apporter la nécessité d'une nouvelle architecture. La France était alors à son plus haut degré de gloire et de puissance, et l'on revint par conséquent aux formes magnifiques de l'architecture romaine, ce que démontre l'arc du Carrousel, celui de l'Etoile, et la colonne de la place Vendôme. Mais l'empire eut une si courte durée, qu'il ne pût façonner les arts au caractère de son siècle, et se borna à imiter servilement. La restauration se substitua à l'empire, et le peuple, fatigué de gloire et de grandeur, dut envisager l'architecture sous un nouveau point de vue. Mais un siècle qui raisonne et met de la philosophie partout, crut apercevoir le genre qui lui était propre dans le style simple et sévère des Grecs. Voilà donc s'élever la Madeleine et la Bourse; mais ici encore l'imitation tint lieu du genie inventeur.

Nous sommes donc aujourd'hui à une époque où il

nous reste à adapter la simplicité grecque aux idées et aux mœurs de notre temps ; et l'on peut dès à présent entrevoir le genre qui sera définitivement adopté. Sans se faire illusion sur le gothique ou le *barocco*, qui tour à tour tentent de se relever, on peut dire qu'il faut à nos jours une architecture raisonnée, qui s'occupe de plaire en laissant voir la convenance, et même la nécessité de chaque membre et de chaque ornement. Rien d'inutile ne doit s'y trouver, tout doit occuper rigoureusement sa place et indiquer son objet. C'est alors, mais alors seulement, que nous atteindrons le but de réunir l'art à la philosophie.

Me voilà arrivé à la fin de l'histoire de cet art, et mes remarques doivent avoir prouvé que chaque genre d'architecture dépend entièrement de la civilisation et du climat des peuples qui en ont fait usage. Nous pouvons donc en conclure qu'il n'y en a aucun qui soit bon ou mauvais d'une manière intrinsèque, et qu'il est permis de nos jours d'emprunter à chacun ce qu'il présente de bon et de raisonnable. Qu'on dise : cela est bon, cela est mauvais pour nous, pour notre civilisation, mais qu'on ne parle jamais d'une manière absolue.

R. Celso Pareto.

FIN.

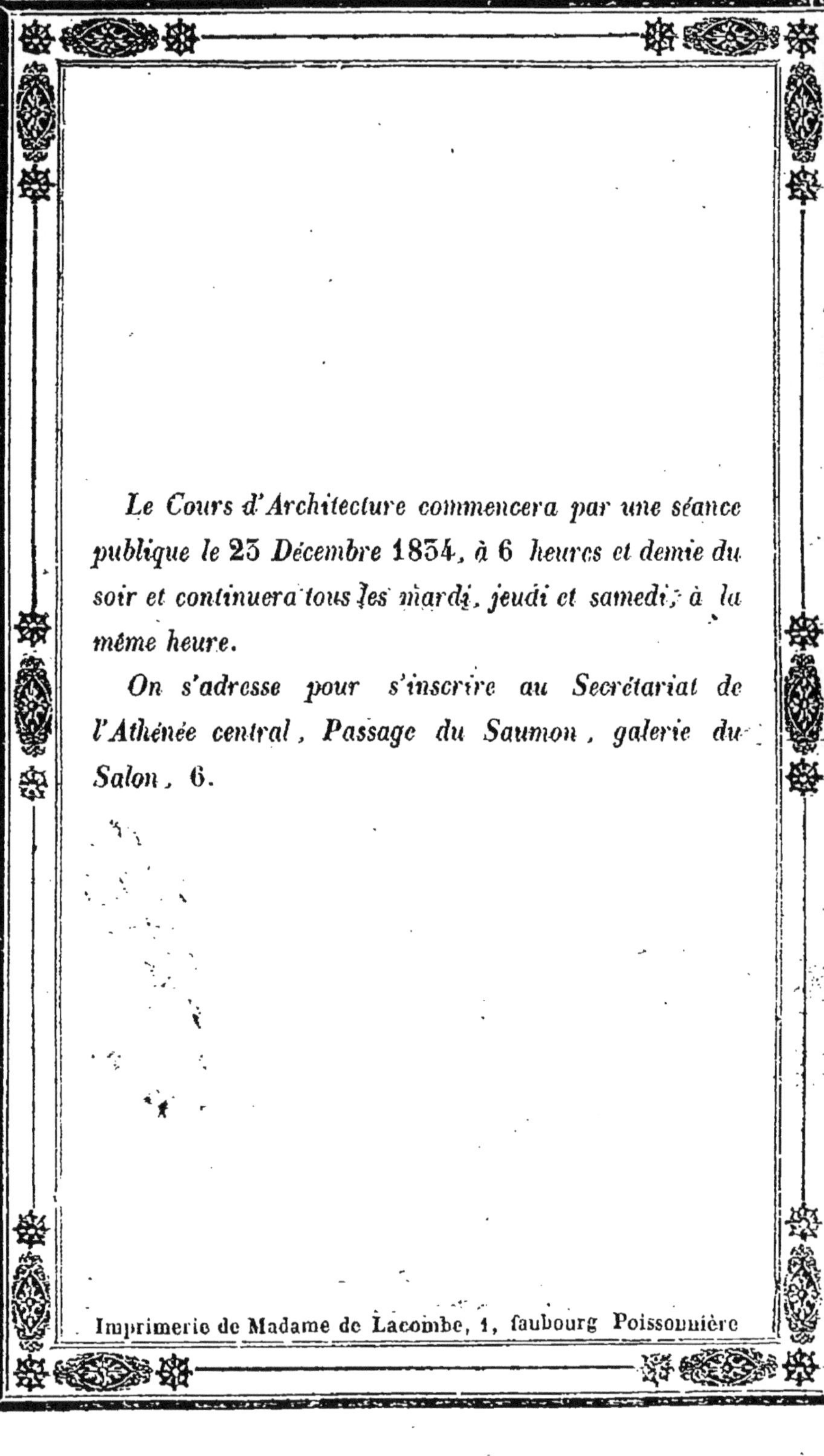

Le Cours d'Architecture commencera par une séance publique le 23 Décembre 1834, à 6 heures et demie du soir et continuera tous les mardi, jeudi et samedi, à la même heure.

On s'adresse pour s'inscrire au Secrétariat de l'Athénée central, Passage du Saumon, galerie du Salon, 6.

Imprimerie de Madame de Lacombe, 1, faubourg Poissonnière

www.ingramcontent.com/pod-product-compliance
Ingram Content Group UK Ltd.
Pitfield, Milton Keynes, MK11 3LW, UK
UKHW012312240726
13966UKWH00005B/1825